AF313707

CATALOGUE

DES

TABLEAUX, MEUBLES, BRONZES, TAPISSERIES

Objets d'Art, Statues en marbre, Sculptures

ARGENTERIE, OBJETS VARIÉS ET CURIEUX

LE TOUT ANCIEN

COMPOSANT

LA COLLECTION DE FEU M. JULES TOURREIL

DONT LA VENTE AUX ENCHÈRES AURA LIEU A BORDEAUX

Salle de l'Athénée, rue Mably, 28

Du 4 au 9 Février 1895, à 2 heures très précises

PAR LE MINISTÈRE DE Mᵉ DUVAL, COMMISSAIRE-PRISEUR, ASSISTÉ DE
M. LEDOUX, EXPERT, RUE SAINT-LAZARE, 18, PARIS.

EXPOSITION PUBLIQUE DU 1ᵉʳ AU 3 FÉVRIER 1895, DE 1 HEURE A 4 HEURES DU SOIR

On trouvera le Catalogue : Hôtel des Ventes, rue Mably, nº 28, et au bureau du *Journal des Arts*,
rue de Provence, nº 1.

BORDEAUX

TYPO-LITHOGRAPHIE PROUTEAUX ET CHAUBIN
16 — RUE VOLTAIRE — 16

1895

CATALOGUE

DES

TABLEAUX, MEUBLES, BRONZES, TAPISSERIES

Objets d'Art, Statues en marbre, Sculptures

ARGENTERIE, OBJETS VARIÉS ET CURIEUX

LE TOUT ANCIEN

COMPOSANT

LA COLLECTION DE FEU M. JULES TOURREIL

DONT LA VENTE AUX ENCHÈRES AURA LIEU A BORDEAUX

Salle de l'Athénée, rue Mably, 28

Du 4 au 9 Février 1895, à 2 heures très précises

Par le ministère de Mᵉ DUVAL, commissaire-priseur, assisté de
M. LEDOUX, expert, rue Saint-Lazare, 18, Paris.

EXPOSITION PUBLIQUE DU 1ᵉʳ AU 3 FÉVRIER 1895, DE 1 HEURE A 4 HEURES DU SOIR

On trouvera le Catalogue : Hôtel des Ventes, rue Mably, n° 28, et au bureau du *Journal des Arts*,
rue de Provence, n° 1.

BORDEAUX

TYPO-LITHOGRAPHIE PROUTEAUX ET CHAUBIN

16 — RUE VOLTAIRE — 16

—

1895

CONDITIONS DE LA VENTE

Elle sera faite expressément au comptant.

Les acquéreurs paieront cinq pour cent en sus du prix d'adjudication.

Exposition de trois jours mettant le public à même de se rendre compte de l'état des objets; il ne sera admis aucune réclamation une fois l'adjudication prononcée.

M. LEDOUX, expert, sera à partir du 15 janvier, hôtel Montré, à Bordeaux; il remplira ces commissions qu'on voudra bien lui confier.

L'ordre des vacations sera rigoureusement suivi.

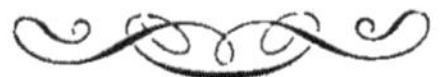

ORDRE DE LA VENTE

Lundi 4 février 1895

Du numéro 9 au 39. — Du 41 au 90.

Mardi 5 février 1895

Du numéro 91 au 104. — Du 106 au 171.

Mercredi 6 février 1895

Les numéros 1, 3, 4, 40. — Du 172 au 247.

Jeudi 7 février 1895

Du numéro 248 au 312.

Vendredi 8 février 1895

Les numéros 6, 105. — Du 213 au 382.

Samedi 9 février 1895

Les numéros 2, 5, 7, 8. — Du 383 au 445.

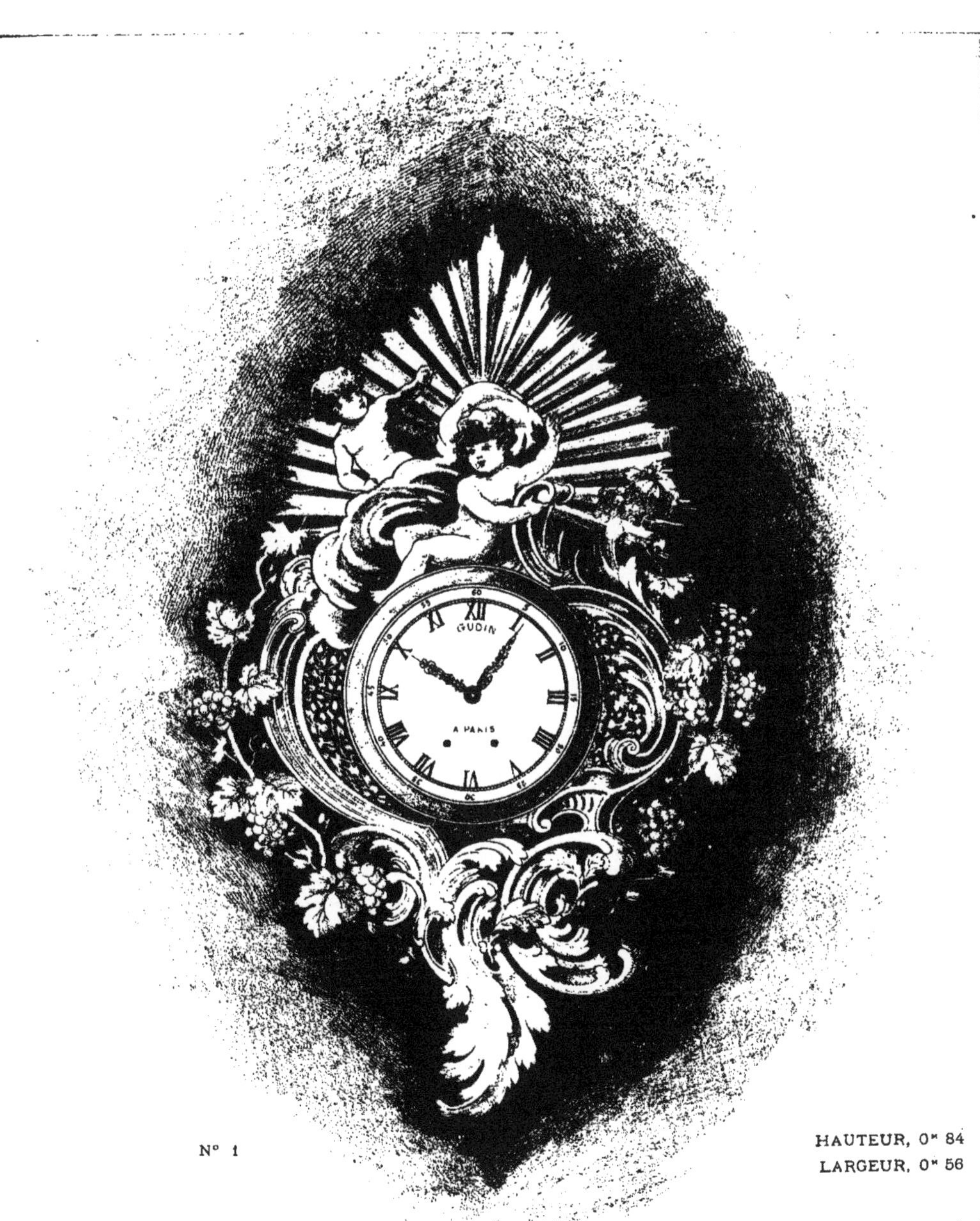

N° 1

HAUTEUR, 0ᵐ 84
LARGEUR, 0ᵐ 56

CATALOGUE

DE

LA COLLECTION DE FEU M. JULES TOURREIL

1. — Magnifique cartel *(époque Louis XV)*.

Ornementé de feuilles de vigne et de grappes de raisin, cadran surmonté de deux amours sortant d'un nuage entouré de rayons de soleil. Au bas, feuille d'acanthe. Exécution magistrale (vieille dorure). Bien conservé.

H. 0^m84, l. 0^m56.

2. — Magnifique commode demi-lune à quatre pieds, bois satiné *(époque Louis XVI)*.

Les deux tiroirs et les portes des côtés sont encadrés de bronze fondu à rais de cœur. La ceinture est entourée d'une superbe frise en bronze, ovale azurée avec marguerite au milieu; les quatre chutes sont formées par des feuilles d'acanthe; les pieds à fuseau sont entourés à la partie supérieure d'une bague formée d'oves et de sabots à toupie. Le tablier, avec des godrons en creux, est terminé en chute par une pomme de pin, le tout ciselé d'une manière remarquable, sous sa vieille dorure d'une belle patine et d'une conservation parfaite.

L. 1^m44 *(Marbre de Carrare)*.

3. — Splendides appliques à trois lumières, dessinées par de Lafosse; exécution attribuée à Gouthiere *(époque Louis XVI)*.

Au centre, nœud de ruban d'où sortent deux guirlandes de feuilles de laurier d'une grande allure, le haut est surmonté d'un vase drapé mi-bronze et doré, d'où s'échappe une flamme. Pièce unique, vieille dorure d'une conservation parfaite.

H. 0^m65, l. 0^m46.

4. — Buste *(du XVIe siècle)*.

Représentant Hercule drapé de la peau du lion de Némée, le front ceint d'un tortil d'or. Superbe patine; conservation parfaite. Pièces uniques.

H. 0^m34, L. 0^m36.

9500

5. — Deux splendides et grands fauteuils, bois sculpté *(époque Louis XIV)*.

> Recouverts en tapisserie de Beauvais, même époque. Petits paysages sur les sièges et les dossiers. Au dossier de l'un deux est un coq aux ailes déployées, sur l'autre un perroquet aux couleurs vives, le tout entouré d'une belle composition de fleurs diverses : pavots, roses, chèvrefeuille, tulipes, soleils, marguerites, etc.; coloris et conservation (rares).

6622

6. — Salon composé de deux magnifiques consoles sculptées et dorées avec glaces *(époque Louis XV)*.

> L'une est ornementée sur la ceinture et au bas d'une superbe rocaille ajourée; les pieds, admirablement contournés, sont garnis de rocailles et de feuilles d'acanthe. L'autre, d'une composition plus ornementée, a sur la ceinture des guirlandes de fleurs qui traversent les parties ajourées; les pieds sont également garnis de feuilles d'acanthe et de fleurs d'un dessin très beau, d'une exécution rigoureuse.

> Ces consoles possèdent chacune leur cadre de glace de même factures, avec les mêmes ornements.

> Un troisième cadre, presque semblable aux précédents, appartenait à la cheminée du salon.

> Soixante mètres de baguettes avec leurs coins, le tout ajouré, font également partie de ce salon. Le *tout* dans sa vieille dorure, et parfaitement conservé.

> Il y a, en outre, cinquante-cinq mètres de lampas vieux-vert, qui seront vendus à la suite et qui étaient entourés par les baguettes.

6928

7. — Meuble de salon, à colonnes détachées, cannelées, surmontées d'une flamme *(époque Louis XVI)*.

> Le dossier forme chapeau, est orné de godrons et de perles allongées en torsade; les accoudoirs, en spirales, sont chargés de magnifiques feuilles d'acanthe; la ceinture est également ornée de perles en torsade et de rais de cœur. Dorure ancienne, d'une bonne conservation, bois de premier ordre (10 fauteuils, 2 bergères, 1 canapé).

6800

8. — Série de trois tapisseries de Flandre *(XVIᵉ siècle)*.

> La première représente l'entrée triomphale d'un général vainqueur à Rome.

> H. 3ᵐ20, l. 4ᵐ

> La seconde, faisant suite à la première : Défilé du cortège, sonneurs de trompe, personnages montés sur éléphants, soldats portant les dépouilles des vaincus, etc.

> H. 3ᵐ20, l. 5ᵐ20.

> La troisième, terminant la série : Sacrifice à Jupiter.

> H. 3ᵐ20, l. 2ᵐ50.

> Ces tapisseries en très bon état, d'un vif coloris, sont entourées de toutes leurs bordures. Ces bordures de 60 centimètres de large sont ornées de trophées de guerre, de renommées et d'animaux.

FAIENCES

9. — Soupière Rouen.
Décor à la grenade, couvercle à la corne. Différentes fractures.

10. — Soupière ovale avec son plateau.
Décor polychrome.

11. — Deux plats ovales Strasbourg.

12. — Plat ovale Moustiers.
Bleu, décor de Beram.

13. — Grand plat Rouen.
Polychrome. Corbeille de fleurs au centre, très beau marli à la grenade.

Diam. 0^m45

14. — Trois assiettes Alcora.
Décor polychrome.

15. — Porte-huilier Rouen.
Décor bleu.

16. — Porte-huilier Rouen.
Décor polychrome.

17. — Rafraîchissoir Marseille.

18. — Plat Rouen.
Décor à la double corne.

19. — Trois assiettes Samadet.
Polychrome, avec Amours au centre et fleurs sur le marli (fêlure).

20. — Cinq assiettes Samadet.
Polycrome. Cerf au centre.

21. — Deux assiettes Rouen.
Décor bleu à la corbeille (fêlure).

22. — Baril Nevers avec inscription (moderne).

23. — Assiettes polychrome.
Au centre gerbe de fleurs.

24. — Deux assiettes Moustiers.
Décor polychrome paysage.

25. — Assiette Moustiers.
Au centre, médaillon avec personnage. Décor jaune (fêlure).

26. — Bouteille Delft bleue, col coupé.

27. — Grand plat Rouen polychrome.
Décor à la corbeille (fracturé).

28. — Plat Samadet.
Décor à personnage (fêlure),

29. — Gourde polychrome (inscription Hipolitte) Angoulême.

30. — Soupière Strasbourg.

31. — Gargoulette Nevers.
Décor vert et jaune (anse cassée).

32. — Deux pots pharmacie, Bordeaux.

33. — Pigeon, Bordeaux.

34. — Rafraîchissoir Strasbourg marque H.

35. — Jardinière, décor guirlandes, Bordeaux.

36. — Couvercle Rouen, polychrome.

37. — Saucière Moustiers.

38. — Assiettes Moustiers, polychrome.
Au centre, médaillon avec cavalier ; sur le marli, guirlandes de fleurs.

39. — Groupe important. Niederwillers.
Amours se disputant un cœur. Diverses restaurations. Pièce remarquable.

H. 0m41, diam. 0m25

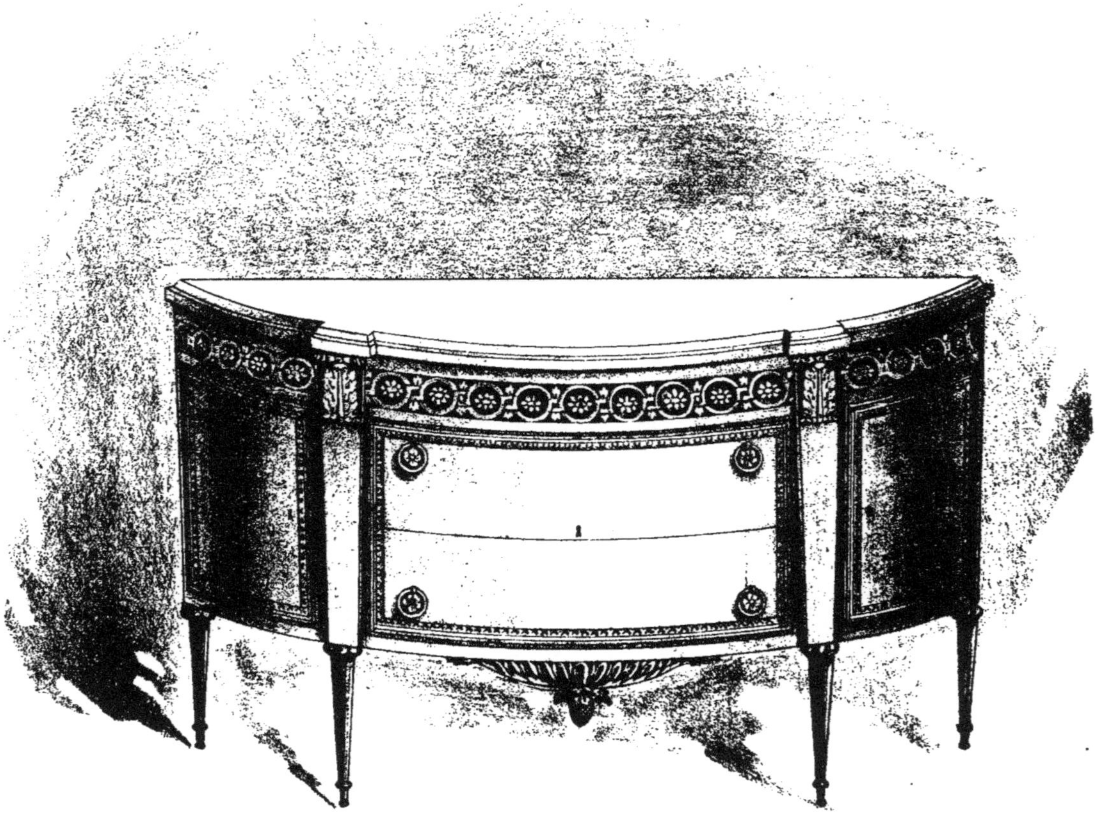

N° 2. — LARGEUR 1ᵐ 44

40. — Groupe terre cuite (attribué à Clodion).

Faune et Bacchante.

H. 0^m38.

41. — Grand cache-pot à anses torses.

Nevers bleu de Perse, décors jaunes et blancs, fleurs et oiseaux. Restauré.

H. 0^m26, diam. 0^m32.

42. — Groupe Niederwillers, décor polychrome.

Berger et Bergère.

43. — Fontaine faïence de Saintonge.

44. — Cache-pot Moustiers, décor jaune.

(Félure).

45. — Deux potiches pharmacie, à anses torses, décors bleus (Savone).

L'une représente le sacrifice d'Abraham ; l'autre, sujet mythologique. Diverses restaurations.

H. 0^m57.

PORCELAINES

46. — Deux grands vases porcelaine de Paris.

Décor animaux, sphinx accolés sur les côtés (legéres fêlures).

H. 0^m45.

47. — Deux très jolis vases Louis XVI.

Décorés de guirlandes de fleurs.

48. — Groupe de deux personnages (Saxe).

49. — Groupe de trois personnages (Saxe).

50. — Deux groupes de deux personnages (Saxe).

Pendants.

51. — Deux statuettes (Saxe).

Berger et Bergère (marque Marcolini).

H. 0^m27.

52. — Deux potiches Chine.

Décor personnages.

53. — Deux potiches, flacon Saxe.

Ornementées en relief de fruits, feuillages et oiseaux.

H. 0ᵐ36.

54. — Cinq assiettes (Sèvres).

Pâte tendre, bouquets de roses, marli vannerie (deux ebréchées, une fêlée).

55. — Très jolie tasse (Sèvres), époque Directoire.

Pâte tendre.

56. — Deux petits cache-pots Wedgwood.

Fond bleu.

57. — Deux petits amours Saxe, époque Louis XV.

Fracturés.

58. — Petit perroquet Chine.

Sur socle formant rocher.

59. — Groupe de deux personnages Saxe, époque Louis XV.

Manquent deux bras.

60. — Petite statuette porcelaine allemande.

Bergère et mouton, manquent les bras.

61. — Grande potiche Sèvres (1865).

Bleu marbré.

62. — Deux vases Empire.

Porcelaine de Paris, décorés sur la panse de petits enfants ; parties rehaussées d'or.

H. 40ᶜ

63. — Plateau de sucrier.

Porcelaine tendre. Chantilly, décor polychrome.

64. — Plat porcelaine Japon.

65. — Petite théière.

Porcelaine à la reine et diverses autres.

MINIATURES

66. — Bonbonnière.

Corne blonde avec portrait femme.

67. — Miniature Empire.

Dans son cadre.

68. — Portrait de femme, époque Louis XVI.

69. — Enfant tenant un panier de fleurs.

70. — Portrait de femme avec un nœud au corsage, époque Louis XVI.

71. — Portrait jeune femme.

Cadre en or.

72. — Adoration des mages.

Cadre doré.

73. — Vierge et l'Enfant Jésus.

Cadre doré.

74. — Portrait de femme avec fleurs dans les cheveux, ép. Louis XVI.

75. — Portrait femme, époque de l'Empire.

76. — Portrait d'homme.

Jolie miniature.

77. — Femme assise sur un canapé.

78. — Femme coiffée d'une toque ornée de plumes.

79. — Joli portrait de femme, époque Empire.

Signé de LAINÉ.

80. — Joli portrait de femme tenant des fleurs, époque Louis XVI.

81. — Deux médaillons, portraits homme et femme.

Dans de jolis cadres en bronze doré.

82. — Portrait de femme, époque Louis XIV.
Monté sur bracelet argent doré et émail bleu.

83. — Très joli portrait femme à mi-corps, époque de l'Empire.
Grande finesse, belle exécution.

84. — Très joli portrait de femme, époque Empire.
Belle qualité.

85. — Portrait de Mme de Staël.
Dans un cadre en bronze doré, très belle exécution.

86. — Boîte écaille brune.
Ornée d'une miniature de deux portraits de femme.

87. — Bonbonnière écaille, piquée d'or.
Avec miniature ovale dans son cadre en or.

88. — Très jolie boîte rectangulaire.
Inscrustations de nacre et autres, superbe de qualité.

89. — Boîte bonbonnière écaille.
Sur le couvercle, le duc de Berry enfant présente à la France ; or repoussé.

90. — Etuis, monture or, époque Louis XVI.

ÉMAUX

91. — Boîte émail de Saxe à personnages, époque Louis XV.
Monture cuivre.

92. — Email sur porcelaine.
Gerbe de fleurs.

93. — Portrait d'homme.
Email sur cuivre, entouré d'un cadre en or.

94. — Broche, émail sur cuivre, xviie siècle.
Portrait du Christ.

95. — Email sur cuivre.

Moïse sauvé des eaux.

96. — Email sur cuivre.

Jésus tombant sous la croix.

97. — Boîtier de montre, émail, époque Louis XVI.

98. — Email, incrustations diverses, entourage jargons.

Jeune femme à la fontaine.

99. — Coupe du xviiᵉ siècle.

A l'intérieur : la chaste Suzanne et les vieillards.

100. — Email de Limoges dans son cadre en bois sculpté et doré, xviiᵉ siècle.

Christ en croix.

IVOIRES

101. — Flacon ivoire, xviiᵉ siècle.

Grappe de raisin.

102. — Enfant Jésus, époque du xviiᵉ siècle.

103. — Buste sur son socle.

104. — Christ dans son cadre en bois sculpté.

105. — Superbe Christ ivoire. Haut. 0ᵐ46.

Très beau travail. Dans son magnifique cadre en bois finement sculpté (vieille dorure), bien conservé.

H. du cadre, 1ᵐ05, l. 0ᵐ70.

106. — Christ mourant.

H. 0ᵐ30.

107. — Femme debout tenant un faucon, xviᵉ siècle.

108. — Saint Jean-Baptiste, xviie siècle.

109. — Un éventail, époque Louis XV.

110. — Deux éventails, même époque.
   Un en mauvais état.

111. — Deux éventails.

ARGENTERIE

1255 112. — Très jolie paire de flambeaux, époque Louis XV.
   Ornés d'agrafes sur la base, belle qualité, vieux contrôle.

H. 0^m28. 2.030 gr.

113. — Très jolie théière, époque Louis XV.

790 gr.

114. — Porte-huilier avec ses burettes, époque Louis XVI.
   Ornementé de guirlandes, feuilles d'acanthe.

1.285 gr.

115. — Porte-huilier (Maison Odiot).

1.210 gr.

116. — Porte-huilier, Louis-Philippe.

625 gr.

117. — Légumier argent.

985 gr.

118. — Petite cafetière, époque Louis XVI.

280 gr.

119. — Petite cafetière, époque Louis XVI.

410 gr.

120. — Chocolatière.

260 gr.

121. — Moutardier, époque Louis XVI.

Argent repoussé; guirlandes de fleurs.

122. — Moutardier, époque Louis XVI.

Guirlandes de fleurs, au centre Amours tenant un écusson.

123. — Quatre salières, style Louis XVI (Maison Odiot). 890 gr.

124. — Moutardier, style Louis XVI (Maison Odiot). 900 gr.

125. — Salières fondues, époque Louis XVI.

Ornées de guirlandes de fleurs très bien ciselées.

126. — Tabatière argent niellé.

127. — Bougeoir martelé.

128. — Porte-allumettes martelé.

129. — Déjeuner (Maison Odiot). 3.000 gr.

130. — Douze couteaux, époque Louis XIV.

A filets, manche argent.

131. — Douze couteaux, époque Louis XIV.

Manche argent.

132. — Douze couteaux, époque Louis XIV.

Manche argent, à coquille.

133. — Douze couteaux, service à fruit.

134. — Service à salade, cuillère à sucre.

Le tout à manches argent rehaussés d'or.

135. — Grand plateau gravé (Maison Odiot). 3.845 gr.

136. — Sous ce numéro il sera vendu : truelles à poisson, brochettes, cuillers à sucre, service à découper, etc., etc.

137. — Diverses garnitures de boutons stras et autres, monture argent.

138. — Peigne et boucles en stras.

139. — Cinq boucles argent.

140. — Chapelet, époque Louis XIV, matière dure, monture argent.

141. — Paire de boucles d'oreilles et pendant de cou, entourés de marcassités.

142. — Croix argent.

143. — Broche et pendant de cou entourés de stras.

144. — Broche en Wedgwood.

145. — Bague en or, camée dur.

146. — Petit cadre ovale en or.

147. — Petite broche en or.
Forme losange, avec miniature

148. — Boîte cerclée d'or, camée malachite.

149. — 3 pièces or.

150. — 28 pièces argent.

151. — 102 pièces monnaies, bas argent.

152. — 89 pièces et médailles bronze.

153. — Médaille des trois consuls (argent).

ARMES

154. — Une paire de grands pistolets, époque Régence.
Pommeaux, bouts, sous-gardes argent doré. Le tout orne de trophées d'armes, bois garni d'incrustations d'argent, canons et batteries damasquinés d'or.

155. — Petits pistolets, époque Louis XV.
Superbes batteries en fer ciselé, représentant diverses figures allégoriques, très beau travail.

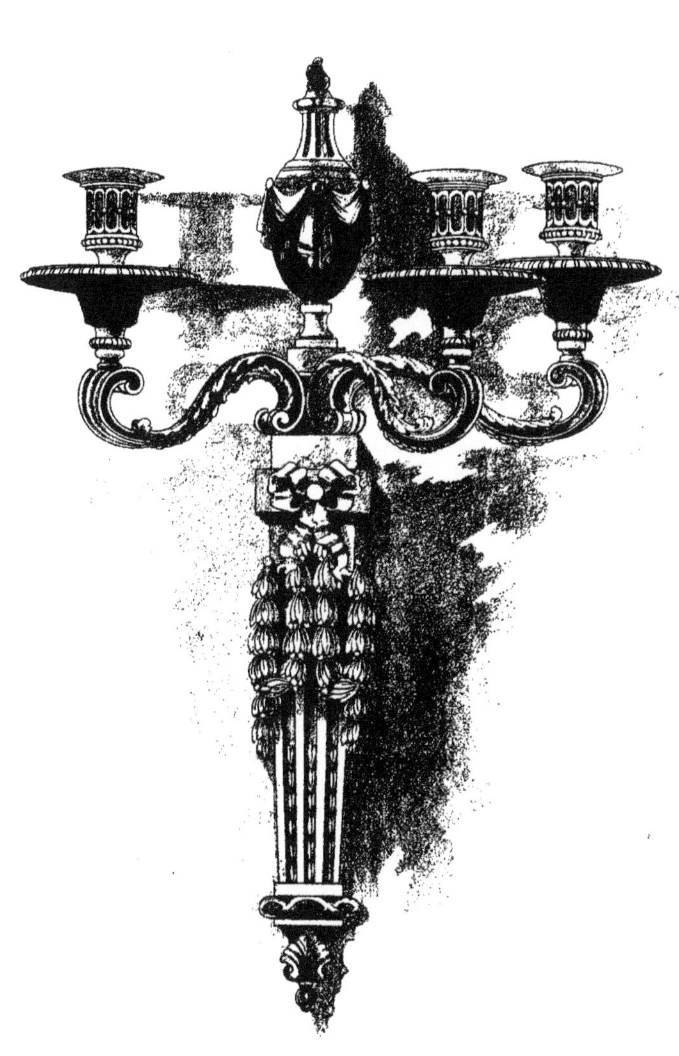

N° 3. — HAUTEUR, 0ᴹ 65; LARGEUR, 0ᴹ 46

156. — Beau pistolet.
Batterie, crosseau et sous-garde à fond d'or, le canon est niellé d'or. Inscription : Nigl Zegara.

157. — Petite éprouvette, signée Lepage, à Paris.

158. — Deux épées : l'une Louis XVI, l'autre Louis XVIII.

159. — Pistolet tromblon, travail du xviiᵉ siècle.
Bois incrusté argent, canon damasquiné de même.

160. — Pertuisane du xviᵉ siècle.

161. — Epée en fer, époque Louis XV.
Garde et pommeau gravés, repercés à jour.

162. — Rapière à coquille, à godrons.
Travail espagnol.

163. — Rapière à coquille pleine.
Travail espagnol.

164. — Rapière à coquille.
Travail espagnol.

165. — Dague main gauche.
Ornements fer repoussé.

166. — Dague main gauche.
Repercée à jour.

167. — Epée argent, époque Louis XIV

168. — Epée argent, époque Louis XV.

169. — Jolis canons en bronze, époque Louis XIV.   L. 0ᵐ43

LIVRES

170. — Missel incomplet, fin du xvᵉ siècle.
Cinq enluminures rehaussées d'or, quantité de petites enluminures sur lettres majuscules.
Marli polychrome.

171. — Sous ce numéro il sera vendu divers livres, gravures, dessins, etc.

BRONZES

172. — Heurtoir, époque Louis XIII, un masque et une levrette servant
de marteau.

173. — Deux presse-papiers.
Grenouille et lézard.

174. — Deux lions.
Sur socles en marbre.

175. — Pomme d'escalier, époque Louis XVI.

176. — Petit buste, tête d'empereur.

177. — Deux diables, époque 1830.

178. — Mercure, époque Empire.

H. 0ᵐ33.

179. — Heurtoir, époque Louis XVI.
Main tenant une boule.

180. — Renommée, époque Empire.

H. 0ᵐ34.

181. — Flambeaux, style Louis XIV.

182. — Christ gothique, couronné d'épines.

H. 0ᵐ41.

183. — Vénus, époque Empire.

H. 0ᵐ41.

184. — Vénus accroupie, époque Empire.

H. 0ᵐ24.

185. — Apollon et Vénus.
Sur socle en marbre jaune de Sienne.

H. totale 0ᵐ35.

186. — Hercule tenant une massue, époque Empire.

H. 0^m22.

187. — Necker et Sully.
Sur socles en marbre, à base dorée.

H. 0^m34.

188. — Deux flambeaux, époque Louis XIV.
Forme hexagone, coquille et mascarons sur les pans, ornements divers (vieille dorure).

189. — Série de poids, époque du xvıı^e siècle, contenus dans un seul.
Le poids principal est orné de personnages et de chevaux marins.

H. 0^m16.

190. — Grelot, époque Louis XIII.

191. — Deux grands flambeaux, époque Henri II.

192. — Deux flambeaux cassolettes Louis XVI.

193. — Importante paire de chenets, époque Louis XIII.
Avec figures et boules.

H. 0^m70.

195. — Paire de chenets, époque Louis XVI.
Forme vase, base ornée de guirlandes de fleurs (vieille dorure).

H. 0^m33.

197. — Paire chenets, époque Empire.
Surmontés d'un sphinx (vieille dorure).

H. 0^m26, l. 0^m43.

198. — Encensoir du xvıı^e siècle.

199. — Petite statuette, époque du xvıı^e siècle.
Bronze doré.

200. — Perruche sur son perchoir.

201 — Deux têtes de Psyché, époque Empire.
(Vieille dorure).

202. — Bénitier, époque Louis XIV.

H. 0^m45.

203. — Bénitier, époque Louis XIII.

204. — Cheval de Marly, époque Empire.

205. — Lot de cinq cachets, deux sceaux, une mesure à poudre, mouchettes, statuettes, tire-bouchon, etc.

206. — Têtes de pincettes, époque Louis XVI.
Ornées de feuilles d'acanthe (Vieille dorure).

207. — Clef de chambellan.
(Vieille dorure).

208. — Importante corbeille ovale, cuivre rouge, époque Louis XIV.
Ornée de godrons repoussés, blason, feuilles d'acanthe, etc.

209. — Lanterne de vestibule, époque Louis XVI.
Perles, guirlandes, nœuds de ruban.

210. — Aigle aux ailes déployées.
(Vieille dorure)

211. — Sept petits cadres en bronze, très belle paire de chutes, époque Louis XIV, deux poignées.

H. 0m36.

212. — Paire d'appliques à deux lumières, époque Louis XVI.
Forme vase, ornées de guirlandes.

214. — Deux lampes carcel, époque Empire.

215. — Petite pendule, époque Empire.
(Vieille dorure).

216. — Grande pendule, époque Empire.
Dorure de l'époque.

H. 0m63, l. 0m50.

217. — Cartel, époque Louis XVI.
Surmonté d'une urne, au bas un mascaron, guirlandes de fleurs, feuilles d'acanthe sur les côtés (Vieille dorure).

H. 0m94.

218. — Chenets, époque Louis XVI.

Avec galerie ajourée, pieds à gaine, surmontés de pommes de pin en spirales et perlées (Vieille dorure).

L. 0m40.

219. — Petite paire d'appliques, époque Louis XVI.

A deux lumières, modèle à vase.

220. — Pendule marbre blanc.

Forme pyramide, bas-relief en bronze doré, belle conservation de dorure.

H. 0m59.

221. — Superbe cartel, époque Louis XV.

Signé Saint-Germain, cadran de Romilly à Paris, ornements de guirlandes de fleurs, remarquable exécution, vieille dorure bien conservée.

H. 0m89, l. 0m49.

2830

222. — Appliques à trois lumières, époque Louis XVI.

Ciselures et dorures du temps, le vase du milieu, cannelé, avec guirlandes, est supporté par une tête de bélier.

H. 0m40.

2300

223. — Petite pendule, époque Louis XVI.

Terrasse ornée de guirlandes. Un lion porte le cadran au-dessus duquel est un Amour. Vieille dorure.

H. 0m30.

224. — Deux flambeaux, dits canons.

Colonnes cannelées, ornées de draperies et guirlandes sur la base.

225. — Jolie pendule, époque Louis XVI.

Au sommet, vase ovale et guirlandes de fleurs, cadran avec un nœud au-dessus (vieille dorure).

226. — Pendule, époque Louis XVI.

A gauche : Amour debout tenant le portrait d'Henri IV : à droite : Casque orné de plumes; fleurs (vieille dorure).

420

227. — Pendule, époque Louis XVI.

Représentant deux guerriers (vieille dorure).

H. 0m43, l. 0m40.

228. — Pendule marbre blanc.

Accolée de 6 petites colonnes, perles, feuille d'acanthe (vieille dorure).

H. 0m40.

229. — Pendule, époque Louis XVI.

Sur les côtés de la terrasse, deux Amours. Guirlandes de fleurs autour du cadran; surmonté d'un carquois (vieille dorure).

H. 0^m35.

230. — Superbes appliques à deux lumières, époque Louis XV.

Les bras et le corps de l'applique sont ornés d'un feuillage d'une grande vigueur et d'une exécution remarquable (très belle dorure du temps).

H. 0^m60.

231. — Deux médaillons, portraits d'homme.

Bronze doré.

232. — Paire de chenets, époque Louis XV.

Deux enfants assis sur une rocaille.

H. 0^m36, l. 0^m35.

233. — Deux cadres ovales, époque Louis XIV.

Bronze doré.

234. — Deux petits bronzes, époque du xvie siècle.

Neptune et Anphitrite (vieille dorure).

235. — Taureau en bronze, époque Empire.

Patine verte sur socle jaune de Sienne.

236. — Belle paire de flambeaux, époque Louis XV.

Bronze argenté.

237. — Paire de cassolettes, époque Louis XVI.

Têtes de béliers, incomplètes et diverses réparations.

238. — Paire de pinces à bûches, époque Louis XV.

239. — Sous ce numéro il sera vendu quantité de bronzes divers, entrées et poignées de toutes sortes.

BRONZES DE BARYE

240. — Cheval surpris par un lion.
Belle épreuve ancienne, patine verte.

H. 0ᵐ40, larg. du socle 0ᵐ28.

920

241. — Singe monté sur un gnou.
Superbe patine, vert antique (épreuve ancienne).

360

242. — Thésée combattant le Centaure, Biénor.
Patine presque brune (belle épreuve ancienne).

H. 0ᵐ35, l. 0ᵐ35.

1400

243. — Tigre qui marche.
Patine vert foncé (belle épreuve ancienne).

H. 0ᵐ23, l. 0ᵐ40.

244. — Aigle aux ailes étendues.
Patine verte (épreuve ancienne).

H. 0ᵐ29, envergure 0ᵐ34.

1025

STATUES (PIERRE ET MARBRE)

245. — Quatre bustes en pierre, époque Louis XIV.
Les Quatre Saisons. Diverses restaurations.

H. 0ᵐ61.

246. — Grande statue marbre blanc, époque Louis XIV.
Représentant l'Automne, tenant d'une main une corne d'abondance, de l'autre un bouquet de fleurs.

H. 1ᵐ84.

247. — Quatre statues en pied, marbre blanc, époque Louis XIV.
Les Quatre Saisons.

H. 0ᵐ80.

TABLEAUX

248. — Trumeau.

Jeune femme offrant des fleurs à l'Amour.

H. 1m20, l. 0m80,

249. — Trois dessus de porte, camaïeux verts. Deux cintrés.

Représentant des ruines.

H. 0m59, l. 1m34; l'autre : H. 0m45, l. 1m70.

250. — Tableau ovale, époque Louis XIV.

Portrait à mi-corps de fillette tenant une guirlande de fleurs.

Cadre bois sculpté et doré du temps. ·H. 0m90, l. 0m80.

251. — Deux dessus de porte grisailles, d'après Boucher.

Entourés d'une baguette à rais de cœur.

H. 0m78, l. 1m23.

252. — Tableau ovale, d'après Boucher, époque Louis XV.

Femme assise tenant une lyre, un Amour à ses pieds.

253. — Tableau, époque Louis XV.

Deux jeunes filles tenant une colombe.

H. 0m84, l. 0m.67.

254. — Tableau copié, d'après Rubens.

Sirènes copiées du tableau représentant l'arrivée de Marie de Médicis en France.

H. 1m35, l. 1m05.

255. — Sommeil de la Diane chasseresse, époque Louis XIV.

Exécution très fine.

Cadre en bois sculpté et doré du temps. H. 1m40, l. 1m95.

256. — Portrait de jolie femme, mi-corps, époque Louis XIV.

Cadre bois sculpté et doré du temps. H. 0m98, l. 0m84.

257. — Deux dessus de porte d'après Teniers.

Joueurs de quilles.

H. 0m60, l. 1m37.

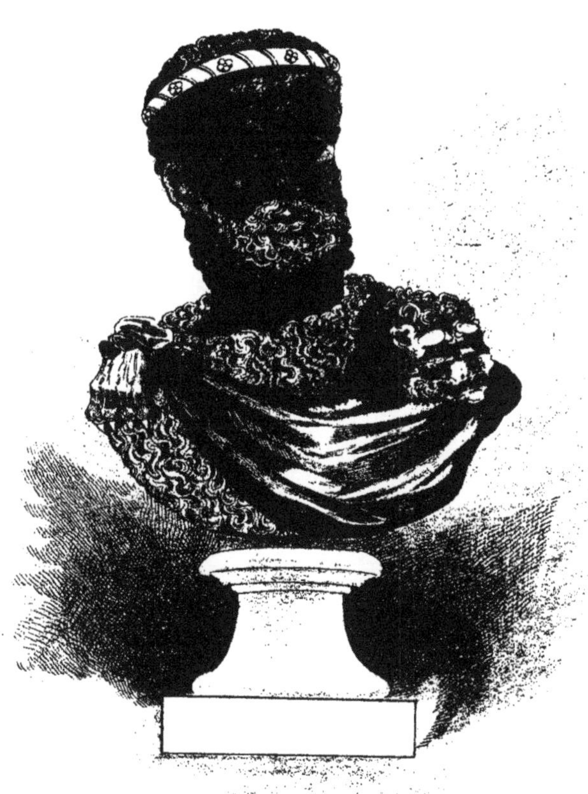

Nº 4. — HAUTEUR, 0ᵐ 34; LARGEUR, 0ᵐ 36

258. — Deux superbes tableaux de Diaz.

Table sur laquelle sont des fruits et une coupe garnie de fleurs ; très belle composition, beau coloris, bonne conservation. Ces tableaux sont signés et garantis du maître.

H. 0m65, l. 0m54.

259. — Portrait de femme, mi-corps, époque Louis XIV.

La sculpture du cadre est très soignée.

Cadre bois sculpté et doré du temps. H. 1m24, l. 1m. l. du cadre 0m17.

260. — Portrait mi-corps de Mlle de Bourbon, duchesse de Berry, drapée dans le manteau royal.

Belle peinture attribuée à Mignard.

Cadre bois sculpté et doré du temps. H. 1m05, l. 0m86.

261. — Grand tableau ovale.

Représentant les enfants de France (enfants de Louis XIV), une Renommée tient au-dessus de leur tête une couronne de roses et une de laurier. Toile attribuée à Mignard.

Cadre bois sculpté et doré. H. 1m70, l. 1m50.

262. — Portrait de femme, mi-corps, époque Louis XV.

Cadre bois sculpté et doré. H. 0m86, l. 0m62

263. — Portrait de Mme de Prie, époque Louis XV.

Cadre en bois sculpté. H. 1m02, l. 0m84.

264. — Portrait de femme, mi-corps, époque Louis XVI.

Perles rais de cœur (vieille dorure).

Cadre de bois sculpté, doré. H. 0m87, l. 0m74

265. — Quatre dessus de porte grisailles.

Les Quatre Saisons.

H. 0m70, l. 1m30.

266. — Sous ce numéro il sera vendu divers tableaux.

267. — Sous ce numéro il sera vendu divers dessins.

SOIES

268. — Gilet soie, époque Louis XVI.

Brodé de fleurs et d'oiseaux de couleurs sur satin blanc.

269. — Soie, époque Louis XV.

Fond bleu avec fleurs de couleur.

1m55

270. — Dauphine verte.

Avec bouquets polychromes, parfait état.

$1^{m}07$.

271. — Très jolie soie changeante, époque Louis XIV.

Bien conservée.

$1^{m}50$

272. — Morceau soie, époque Louis XIV.

Fond vert tendre.

2^{m}

273. — Trois laizes soies verte et rose, époque Louis XV.

$2^{m}75$.

274. — Chasuble complète.

Fond orange, brodée de fleurs blanches.

275. — Chape, époque Louis XV.

Satin blanc avec fleurs de couleurs.

276. — Soie, époque Louis XIV.

Fond crème et dessin rouge.

6^{m} environ.

277. — Satin rayé, époque Louis XVI.

Fond bleu.

$7^{m}20$.

278. — Grand morceau de soie tissu argent.

279. — Morceau soie, fond crème, époque Louis XV.

Bouquets tissés argent.

280. — Dauphine fond crème, époque Louis XIV.

281. — Morceau de chasuble, dauphine verte, époque Louis XIV.

282. — Soie Louis XVI.

Rayée vert et blanc.

283. — Dos de chape, époque Louis XIV.

Fond crème et feuille-morte.

284. — Grand morceau soie, époque Louis XIV.
Rayé rouge et vert.

285. — Chasuble et étole soie, époque Louis XVI.
Rose à bouquets verts.

286. — Chasuble soie blanche, époque Louis XIV.

287. — Chasuble, époque Louis XVI.
Fond blanc, rayures jaunes et petits bouquets.

288. — Chasuble, époque Louis XV.
Fond crème, ornée de bouquets en couleurs.

289. — Chasuble, époque Louis XVI.
Rayures vertes et roses à petits bouquets.

290. — Chasuble, époque Louis XIV.
Garnie de galons argent doré.

291. — Chasuble, époque Louis XIV.
Grosses fleurs rouges.

292. — Damas rouge, époque Louis XIV.

293. — Garniture de dais, époque Louis XVI.
Fond crème.

294. — Garniture de chape.
Brodée argent, double face.

295. — Dessus de tabouret.
Velours rouge, brodé argent.

296. — Douze mètres environ de bande de soie brodée en fin, applications
de fleurs en soies de couleurs et en relief; plus, vingt bouquets divers en
soies couleurs et argent fin, lot important de conservation et de qualité.

BOIS SCULPTÉS

297. — Deux boîtes genre Bagard.

298. — Grande râpe à tabac.
Sculptée aux armes de France et de Navarre.

299. — Noix de coco sculptée.
Montée argent.

300. — Deux petits cadres, époque Louis XIII.
Vieille dorure.

H. 0m40, l. 0m34.

301. — Petit cadre, époque Louis XIV.

302. — Petit cadre, époque Louis XIV.
- Vieille dorure.

303. — Petit cadre, époque Louis XIV.
Vieille dorure.

H. 0m34, l. 0m28.

304. — Grand cadre, époque Louis XIII.
Vieille dorure.

H. 0m62, l. 0m55.

305. — Petit cadre, époque Louis XVI.
Rais de cœurs et perles (vieille dorure).

H. 0m37, l. 0m31.

306. — Cadre, époque Louis XIV.
Coins et milieu à coquilles. Bonne qualité (vieille dorure).
H. 0m62, l. 0m52, larg. de la bordure 0m12.

307. — Cadre de Christ, époque Louis XIII.
Vieille dorure.

H. 0m62, l. 0m44.

308. — Petit cadre, époque Louis XIV.
Bonne qualité.
H. 0m36, l. 0m32, larg. du cadre 0m09.

309. — Cadre de Christ, époque Louis XIV.
Coquilles et fleurs en relief (vieille dorure).
H. 0m76, l. 0m90.

310. — Cadre ovale, époque Louis XIV.
Vieille dorure.

311. — Petit cadre de glace, époque Louis XV.

312. — Cadre, époque Louis XIV.
Vieille dorure.
H. 1m10, l. 0m90.

313. — Un petit cadre.

314. — Cadre baguette, époque Louis XIV.
Vieille dorure.
H. 0m80, l. 0m02.

315. — Cadre baguette, époque Louis XIV.
Fleurs en relief au coin et au milieu.
H. 1m23, l. 1m20.

316. — Cadre, époque Louis XIV.
Peint en blanc.
H. 1m, l. 0m84.

317. — Deux cadres, époque Louis XIV.
Chargés de feuilles d'acanthe et de quadrillage. Fleurs de lys aux angles et au milieu.
H. 1m08, l. 0m88, larg. de la bordure 0m14.

318. — Grand cadre, époque Louis XIV.
Formant un cintre à la partie supérieure, très bien conservé (vieille dorure).
H. 2m23, l. 1m75.

319. — Cadre, époque Louis XIII.
Vieille dorure.
H. 0m92, l. 0m70.

320. — Cadre, époque Louis XIV.
Peint en blanc.
H. 1m, l. 0m80.

321. — Cadre, époque Louis XIV.
Avec soleil.

322. — Sous ce numéro, un lot de cadres diverses époques.

323. — Glace baguette, époque Louis XIV.
Fronton avec coquille et fleurs (vieille dorure).

324. — Très belle glace, époque Louis XIV.
Scuptée, dorée, roses et fleurs diverses courant sur le pourtour, les angles et le bord du cadre sont garnis de coquilles; sur le fronton, buste en ronde bosse du roi Louis XIV couronné par deux Renommées. De chaque côté du socle, guerriers enchaînés, trophée d'armes (vieille dorure).

H. 1^m86, l. 1^m03.

325. — Importante glace Louis XV.
Très beau fronton orné de deux cariatides, d'après Bérain; coquille et sculptures diverses (vieille dorure bien conservée).

H. 2^m34, l. 1^m34.

326. — Glace baguette sculptée, époque Louis XIV.
Au sommet, petite coquille; très bien conservée (vieille dorure).

H. 1^m90, l. 1^m24.

327. — Baguette Louis XIV, (cadre démonté).
Vieille dorure.

L. 5^m20.

328. — Reliquaire, époque Louis XIV.
Vieille dorure.

Sous ce numéro divers bois sculptés.

CONSOLES

329. — Console demi-lune, époque Louis XVI.
Laquée blanc, la ceinture et les croisillons sont finement sculptés, marbre blanc.

L. 0^m77, Ep. 0^m44.

330. — Petite console demi-lune, époque Louis XVI.
Feuilles de laurier, ruban sur la ceinture, pieds cannelés avec asperges et chapiteaux en haut des pieds (vieille dorure).

L. 0^m63, Ep. 0^m30.

331. — Belle console mi-blanche et or, époque Louis XVI.

A ressout, cintrée, la frise est sculptée à jour, deux jolies guirlandes de fleurs partent du milieu et se relient aux coins, le croisillon sculpté porte un vase orné de guirlandes de fleurs.

L. 1m07, Ep. 0m45.

332. — Console droite, époque Louis XVI.

Pieds cannelés, frise ajourée (vieille dorure).

L. 1m12, Ep. 0m57.

333. — Console demi-lune.

Ceinture sculptée et ajourée, perles rais, de cœur, pieds cannelés.

L. 1m14, Ep. 0m49.

334. — Console à quatre pieds, époque Louis XVI.

La ceinture est entourée d'oves, d'écus comptés et de feuilles de laurier; les côtés et le devant sont ornés de magnifiques guirlandes de feuilles de laurier, pieds cannelés (vieille dorure bien conservée).

L. 1m29, Ep. 0m65

334. — Desserte à un tiroir, quatre pieds, bois naturel.

335. — Petit lot de bois sculpté, époque Louis XVI.

SIÈGES

336. — Canapé tête-à-tête, époque Louis XV.

337. — Grande bergère, époque Louis XVI.

Modèle à chapeau.

338. — Bergère sculptée, époque Louis XV.

Bonne forme.

339. — Fauteuil époque Louis XIV.

Coquille à la ceinture et au dossier.

340. — Grande bergère, époque Louis XV.

Demi-oreille bois naturel, bouquet au dossier et à la ceinture, jolie forme.

341. — Deux canapés peints en blanc, époque Louis XVI.

Larg. 1m05.

342. — Chaise longue en deux parties bois, de noyer sculpté, époque
Louis XIV.
Bonne forme.

343. — Fauteuil Régence.
Bonne qualité, grenades au dossier et à la ceinture, sculpture sur les pieds et les accoudoirs.

344. — Grand fauteuil, époque Louis XIV.
Coquille sculptée au dossier et à la ceinture.

345. — Grand fauteuil, Louis XIV.
Coquille sculptée.

346. — Grand canapé, époque Louis XVI.
Peint en blanc, perles courant sur la ceinture et le dossier, accoudoirs cannelés.
Long. 1m60.

347. — Meuble de salon sculpté, époque Louis XV. bois naturel, un canapé
et cinq fauteuils.

348. — Meuble de salon, peint en blanc, époque Louis XVI, un canapé et
six fauteuils. Le canapé a 1m20.

349. — Six chaises Louis XVI.
A lyre, avec coquille et colonnettes cannelées.

350. — Deux bergères, époque Louis XV, bois sculpté.

351. — Fauteuil Louis XIV, bois sculpté.

352. — Deux fauteuils Louis XV, bois naturel.

353. — Un fauteuil Louis XV, bois sculpté.

354. — Un fauteuil Louis XIII, bois tourné.

355. — Grand fauteuil Louis XIV, à dossier recouvert.

356. — Grand canapé style Louis XVI.

359. — Grand fauteuil style Louis XIV.

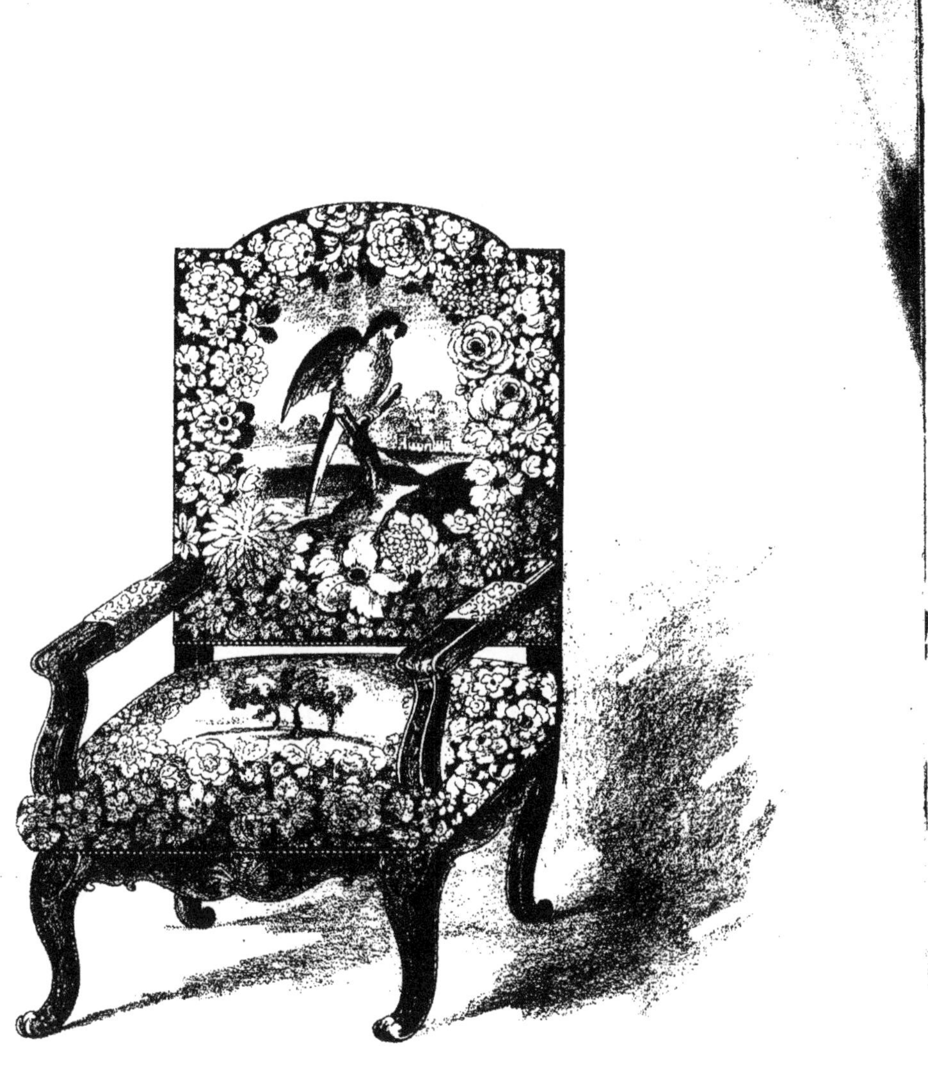

N° 5

360. — Grand canapé à oreille, époque Louis XIV, bois sculpté.

361. — Banquette de milieu à huit pieds, coquille, époque Louis XIV.
Long. 2^m67.

362. — Chaise paysanne.
Lyre, perlée, coquille au centre.

363. — Six jolies petites chaises, époque Louis XVI.
Médaillon. La ceinture et le médaillon sont ornés d'entrelacs et de perles très belle qualité.
traces de dorure.

364. — Petit meuble de salon sculpté, époque Louis XV.
Cinq pièces forme cabriolet.
Le canapé a 1^m15.

365. — Deux chaises à croisillons, époque Louis XIV.

366. — Fauteuil de bureau, époque Louis XV.
Bonne qualité.

367. — Six chaises, époque Louis XVI.
Lyre, colonnes cannelées surmontées de grenades, sièges ovales recouverts en soie.

368. — Deux chaises, Empire.
Pieds à griffes, ceinture très finement sculptée et dorée, les dossiers sont garnis de feuilles
de laurier; d'une qualité extra et très rare.

369. — Meuble de salon peint en blanc, époque Louis XVI.
Modèle à chapeau, perles et entrelacs.
Deux bergères, six fauteuils, un canapé.

370. — Meuble de salon, époque Louis XVI, écus comptés.
Huit fauteuils, un grand et un petit canapé, bois naturel.

371. — Meuble de salon, peint en blanc, époque Louis XVI.
Modèle à chapeau.
Un canapé, six fauteuils.

372 — Grande bergère, époque Louis XVI.
Garnie de vieille soie.

5

373. — Très grand fauteuil en bois sculpté.
Personnages, ornements divers, travail du siècle.

374. — Sous ce numéro il sera vendu différents fauteuils non catalogués.

375. — Ecran Louis XV, bois sculpté (intérieur).
Tapisserie au point.

376. — Très belle table noyer sculpté.

Long. 1m40, l. 0m69.

MEUBLES

378. — Table à poudrer, acajou, époque Louis XVI.

379. — Commode, époque Louis XVI, bois de rose.
Pieds à gaine, marbre blanc.

380. — Desserte acajou, baguette cuivre.

381. — Petit secrétaire Louis XVI.
Pieds à fuseaux.

382. — Petite commode Louis XIV.
Bonne de forme.

383. — Grande commode, époque Louis XVI.
Entrées, poignées et tablier bronze doré et ciselé , manque le marbre.

384. — Chiffonnier semainier, époque Louis XVI.
Bois de rose, entrée bronze doré.

L. 0m55.

385. — Secrétaire chiffonnier, époque Louis XVI.
Bois de rose, entrées et poignées bronze doré.

L. 0m75.

386. — Encoignure laque, époque Louis XVI.
Le tablier et les pieds sont garnis de bronzes, la porte est entourée de bandes de bronze uni reliées par des agrafes ciselées.

387. — Deux encoignures, époque Louis XVI.

Bois de rose, entrées, chutes en bronze doré, marbre entouré d'une galerie ajourée.

388. — Petite table à ouvrage, époque Louis XVI.

Bois de rose, marqueterie de fleurs.

389. -- Vitrine plate, époque Empire.

Garnie de bronze.

L. 1^m65, l. 0^m60.

390. — Table jacquet, acajou, époque Louis XVI.

391. — Pupitre porte-musique, acajou.

392. — Secrétaire à portes, époque Louis XV.

Placage à fougère, les champs en bois d'amaranthe, entrées, chutes et sabots bronze doré.

L. 0^m95.

393. — Beau secrétaire à portes, époque Louis XV.

Forme mouvementée, d'un très joli galbe, chutes et entrées bronze doré du temps, très bonne qualité, très beau marbre.

L. 1^m

394. — Secrétaire à portes, époque Louis XVI.

La frise et les portes en bois satiné sont entourées d'une grecque, marqueterie, les entrées et les poignées formant anneau, les chutes des angles ornées de guirlandes, le tablier, et les sabots enveloppant entièrement les pieds, sont d'une très bonne facture; le tout doré de l'époque et d'une bonne conservation.

L. 0^m95

395. — Petit bureau, époque Louis XV.

Plaqué bois de rose.

396. — Commode, époque Louis XV.

Deux tiroirs, chutes, sabots, poignées en bronze doré du temps, placage bois de rose.

L. 1^m.

397. — Commode, époque Louis XV.

Plaqué bois de rose, deux tiroirs, poignées, entrées et sabots en bronze, les chutes sont représentées par des cariatides terminées en feuilles d'acanthe.

L. 1^m25.

398. — Commode bois satiné à ressaut, époque Louis XVI.

Poignées formant anneau, jolis sabots bronze doré.

L. 1m20.

399. — Très belle commode bois de rose, à ressaut, époque Louis XVI.

Divisée en deux tiroirs et trois panneaux. Chaque panneau est entouré de bandes de bronze, le panneau du milieu est en marqueterie de bois représentant un paysage au dessus duquel est une draperie en bronze ; au premier plan, deux vases sur une terrasse également en bronze ; les panneaux latéraux sont quadrillés de filets de bois de couleur avec une petite marguerite au centre. Les panneaux de côté sont également entourés d'une moulure en bronze. Les chutes sont à têtes de béliers et les sabots à griffes. Le tablier d'une grande vigueur est formé de feuilles d'acanthe ; le tout finement ciselé et doré du temps (très belle conservation).

L. 1m40.

400. — Commode, époque Louis XIV.

A trois tiroirs. Importantes poignées et entrées en bronze, tablier formé par une feuille d'acanthe ; chutes et suite de chutes ornées de masques et ornements se continuant jusqu'aux sabots ; le tout en bronze ciselé et doré du temps.

TAPISSERIES

401. — Deux fauteuils, Aubusson.

Petits personnages.

402. — Deux grands fauteuils, époque Louis XIII.

Beaux bois sculptés, tapisserie aux petits points, les dossiers et les sièges représentent un vase d'où sortent diverses fleurs : tulipes, pavots, etc.

403. — Fauteuil, époque Louis XIV.

Bois sculpté, tapisseries au point avec personnages.

404. — Fauteuil, époque Louis XIV, Aubusson.

Bouquets de fleurs.

405. — Grand fauteuil, époque Louis XVI.

Bois sculpté, recouvert en tapisserie d'Aubusson. Médaillon et animaux.

406. — Deux petits fauteuils, époque Louis XVI, Aubusson.

Fleurs, tapisserie.

407 — Fauteuil, époque Louis XVI, Aubusson.
Tapisserie, dessin Salambier.

408. — Fauteuil, époque Louis XVI, Aubusson.
Médaillon. Personnage au dossier.

409. — Bergère, époque Louis XVI, Aubusson.
Bois sculpté, tapisserie fine, dessin Salambier.

410. — Deux fauteuils, Aubusson.
Bois sculpté, recouverts en tapisserie, médaillons et guirlandes de fleurs, fables de
La Fontaine.

411. — Fauteuil, époque Louis XVI, Aubusson.
Tapisserie a personnages. Le bois est sculpté ; un dossier de tapisserie pareille sera vendu
avec.

412. — Fauteuil, époque Louis XVI, Aubusson.
Médaillon, bouquets et fleurs.

413. — Deux fauteuils cabriolets, Aubusson.   1000
Décor à pavots (fin).

414. — Deux fauteuils, Aubusson.
Pavots, fleurs diverses.

Trois fauteuils, époque Louis XV, Aubusson.
Petits personnages.

415. — Trois fauteuils, époque Louis XIV, Aubusson.   1500
Fond bleu, corbeilles de fleurs aux sièges et bouquets aux dossiers.

416. — Quatre fauteuils, époque Louis XIV, Aubusson.   1710
Fond bleu, modèle à vase, fleurs diverses.

417. — Beau fauteuil, époque Louis XIV, Aubusson.
En bois sculpté, décor à pavots.

418. — Grand fauteuil, époque Louis XIV, Aubusson.
Pavots et fruits.

419. — Grand fauteuil Louis XIV, Aubusson.

Bois doré, recouvert en tapisserie. L'Enfant jardinier.

420. — Grand fauteuil, époque Louis XIV.

Bois sculpté, fables de La Fontaine (Aubusson).

421. — Grand tabouret, époque Louis XIV.

Bois sculpté recouvert en tapisserie d'Aubusson.

422. — Quatre fauteuils, époque Louis XIV, Aubusson.

Bois sculpté, grands dossiers en tapisserie, fond bleu, vases et coupes remplis de fleurs et de fruits.

423. — Très bel écran, époque Louis XIV, Aubusson.

En bois sculpté, tapisserie fond bleu, coupe de fleurs semblables aux fauteuils précédents.

424. — Ecran bois sculpté, tapisserie d'Aubusson, époque Louis XIV.

Fable de La Fontaine, grand modèle, entourage de pavots et fleurs, face opposée tapisserie au point.

425. — Ecran bois sculpté, époque Louis XV, Aubusson.

Sujet d'Oudry.

426. — Lot de tapisseries au point.

427. — Fauteuil, époque Louis XIV, Aubusson.

Pavots.

428. — Trois dossiers de fauteuils, époque Louis XVI, Aubusson.

Médaillon.

429. — Quatre fauteuils, époque Louis XVI, Aubusson.

Bois sculpté, médaillon, grand modèle, très fin, fond crème, petits personnages au dossier, Fables de La Fontaine sur les sièges ; bien conservés et bien dessinés.

430. — Meuble de salon, époque Louis XVI.

(Six fauteuils, un canapé) bois sculpté, ruban courant sur les dossiers, rais de cœur sur la ceinture. Ce meuble est recouvert en tapisserie d'Aubusson très fine à fond crème, les sièges des fauteuils avec des animaux divers, et les dossiers à petit personnage. Sur le siège du canapé, chasse d'après Oudry, sur le dossier, petits personnages et animaux. Le tout en très bel état de conservation.

431. — Garniture de fauteuil, époque Louis XIII.
Tapisserie au point, fleurs, bien conservée.

432. — Quatre fauteuils fond blanc, époque Louis XVI.
Tapisserie au point.

433. — Quatre morceaux tapisserie au point.

434. — Fauteuil, époque Louis XIII.
Tapisserie au point.

435. — Écran, époque Louis XIV.
Petit point. La Samaritaine.

436. — Morceaux de tapisserie au point, époque Louis XIII.

437. — Tapisserie Aubusson, époque Louis XIV.
Fables de La Fontaine.

438. — Deux dessus de tabouret, époque Louis XVI, Aubusson.

439. — Siège de fauteuil à draperie, Aubusson.

440. — Deux morceaux tapisserie Aubusson, époque Louis XVI et une petite bande.

441. — Douze mètres de bande tapisserie de Beauvais.
Fond bleu, feuilles de laurier.

L. 0^{m}12.

442. — Grand fauteuil à pavots, époque Louis XIV.
Petit point.

443. — Belle tapisserie de Flandre du xvie siècle, d'après les dessins du Primatice.   *3000*
Sacrifice d'Iphigénie : En tête du cortège, musiciens et porteurs de torches, à la suite, personnages richement vêtus, bordure complète avec corne d'abondance, fruits, animaux. très grande finesse. ton superbe.

H. 2^{m}90, l. 6^m, bordure 0^{m}27.

444. — Morceau de verdure gothique.

1610   445. — Grande tapisserie de Flandre.

Diane changeant Actéon en cerf, quantité de personnages, fontaine, fleurs, etc. Cette tapisserie n'a que trois bordures représentant l'une, l'air avec oiseaux ; l'autre, la terre avec personnages et la troisième, l'eau avec des poissons, coquillages, monstres marins ; très beau coloris, belle conservation, d'un tissu fin.

H. 3m30, l. 4m.